Ferdinand Falkson

Göthe und Charlotte Kestner

Ferdinand Falkson

Göthe und Charlotte Kestner

ISBN/EAN: 9783743372214

Hergestellt in Europa, USA, Kanada, Australien, Japan

Cover: Foto ©ninafisch / pixelio.de

Weitere Bücher finden Sie auf **www.hansebooks.com**

Göthe

Charlotte Kestner.

Ein Vortrag

GEHALTEN

DR. FALKSON.

Prag, 1869.

J. G. CALVE'sche k. k. Universitäts-Buchhandlung
OTTOMAR BEYER.

Göthe
und
Charlotte Kestner.

Ein Vortrag

gehalten

von

Dr. Falkson.

Prag, 1869.

J. G. CALVE'sche k. k. Universitäts-Buchhandlung
OTTOMAR BEYER.

Göthe und Charlotte Keſtner.

Meine Herren!

Es iſt eine alte, auf vielfacher Beobachtung beruhende Thatſache, daß die Gabe poetiſcher Auffaſſung und Empfindung unter den Menſchen ſehr ungleich vertheilt iſt. Wir erfreuen uns hoch begabter Individualitäten, welche das Schöne in ſchöner Form zu geſtalten vermögen. Wir nennen ſie productive Naturen. Andere, denen die Gabe poetiſcher Geſtaltung verſagt iſt, vermögen mindeſtens das von Anderen ſchön Geſtaltete nachzufühlen und in ſich aufzunehmen. Dies ſind receptive, empfängliche Naturen. Von Anderen endlich — und ſie bilden vermeintlich die große Mehrzahl der Menſchen — ſagen wir wohl, daß ſie aller poetiſchen Empfindung baar, rein proſaiſche Naturen ſind. Und doch wohl mit Unrecht. Bei jenen produktiven Naturen haben wir uns zunächſt vor jenem landläufigen Irrthume zu hüten, der Jeden zu ihnen rechnet, der geläufige und fließende Verſe zu ſchmieden verſteht; ein Irrthum, der doppelt in einer Zeit zu rügen wäre, in welcher die Kunſt gewandter Verſifikation ſchon auf Schulen ge=

lehrt wird und gleichsam einen Theil unserer allgemeinen Bildung ausmacht. Dieser Irrthum ist es, den unser großer Schiller bereits erschöpfend und ausdrucksvoll in seinem bekannten Distichon geißelt:

„Weil ein Vers Dir gelingt in einer gebildeten Sprache,
Die für Dich dichtet und denkt, glaubst Du schon Dichter zu sein?"

Aber auch der Glaube, daß die Mehrzahl der Menschen aus rein prosaischen Naturen bestehe, ist nicht minder ein Irrthum. Giebt es doch in jedem Menschenleben, wie dürftig es sei, zwei Elemente, die ohne poetische Empfindung kaum denkbar sind: der Kreis unserer religiösen Vorstellungen und die Geschlechtsliebe, aber beide in ungleichem Maße. Denn während der Kreis unserer religiösen Vorstellungen viel Hergebrachtes und Traditionelles enthält, und im Lichte der Neuzeit mehr und mehr des Mythischen und Legendenhaften entkleidet wird, so daß sich dunkle Gefühle in klare Begriffe auflösen und das ganze religiöse Gebiet allgemach auf die Welt der Sittlichkeit eingeengt wird; ist die Liebe rein individuell, muß von Jedem eigens erlebt sein, und wird vollständig von der Persönlichkeit gefärbt. Wie Jeder ist, so ist daher auch seine Liebe: bei dem Einen rein sinnlich und gemein, bei dem Anderen ideal und sein Wesen läuternd und erhebend, obwohl auch hier der sinnliche Hintergrund, ob nun bewußt oder unbewußt, nicht fehlt; denn eben dieser sinnliche Hintergrund ist es, der Liebe von Freundschaft, Verehrung charakteristisch unterscheidet.

So ist denn auch Liebe, die poetische Urempfindung des Menschengeschlechts, zu allen Zeiten und bei allen Völkern, der natürlichste und beliebteste Gegenstand poetischer Darstellung gewesen; vergeblich hat sich der Spott gegen das ewige Einerlei des Thema's erhoben, gegen die permanente Lösung des Conflicts, vermöge deren in Romanen wie Dramen aller Schmerz und Jammer sich endlich in Vereinigung und Hochzeit abschließt. Es ist kein ewiges Einerlei; jeder wahre Dichter hat „der alten Geschichte, die ewig neu ist" eine neue Seite abzugewinnen gewußt, und unerschöpft wie unerschöpflich wird dieses rein menschliche Element bleiben, so lange es Menschen und Dichter giebt. Selbst jene Kunstwerke unserer und anderer Nationen, welche wir wegen ihres tiefen Gedankengehalts oder ihrer ernsten Probleme vorzugsweise philosophische nennen, haben der Liebe, sei es als treibenden Elements, sei es als einflußreicher Episode, nicht entbehren können; ich erinnere Sie an Shakespeare's Hamlet, an Schiller's Don Carlos, an Lessing's Nathan den Weisen.

Und auch in der Biographie unserer großen Dichter hat uns die rein menschliche Seite ihres Wesens, die Verbindung oder Durchkreuzung ihrer künstlerischen Entwicklung mit den Angelegenheiten ihres Herzens stets das lebhafteste Interesse eingeflößt. Es kann mir jedoch nicht ohne Weiteres einfallen, meine Herren, Sie mit der Herzensgeschichte eines Dichters, und wäre er auch der größte, unterhalten zu wollen. Nichts darf vor Sie mit dem

Ansprüche auf Ihr Interesse hintreten, was nicht zugleich ein öffentliches Interesse hat, sich also über das Privatleben erhebt. Ein Anderes ist es jedoch, wenn ein solcher Theil der Biographie eines Dichters einen springenden Punkt in seiner Entwicklung bildet, wenn ein derartiges Herzensverhältniß Anlaß und Stoff zu einem Meisterwerke unserer Nationalliteratur hergab, wenn dieses Meisterwerk charakteristisch und maßgebend für eine ganze Richtung unserer Literatur geworden ist. Dies ist aber gerade bei der Liebe Göthe's zu Charlotte Kestner der Fall; das Meisterwerk unserer Literatur, das sie veranlaßte, sind die Leiden des jungen Werther, die Richtung: Die Sturm- und Drangperiode des vorigen Jahrhunderts.

Indem ich nunmehr dazu schreite, Ihnen diese merkwürdige Episode aus dem Leben unseres großen Göthe zu erzählen, bin ich mir bewußt, einen Stoff zu behandeln, der Jedem unter Ihnen zugänglich und Vielen bekannt sein wird. Auch nicht einmal die Art der Behandlung kann ich mein eigen nennen; denn es erscheint unrathsam, sich hier von mustergiltigen Darstellungen zu entfernen, welche zu erreichen schwer, zu überbieten unmöglich ist. Was ich mir daher allein vorsetzen konnte, ist eine geordnete Erzählung der vorhandenen Thatsachen, und die Quellen meiner Erzählung liegen offen zu Tage: Sie sind Göthe's Dichtung und Wahrheit, der Briefwechsel Göthe's mit Kestner und Charlotten, und die beste Biographie Göthe's, die des Engländers Lewes.

Bevor ich Sie nun aber einlade, mit dem noch nicht 23jährigen Göthe im Frühling des Jahres 1772 durch das Thor der alten Stadt Wetzlar zu treten, lassen Sie uns einen Augenblick Halt machen; denn Sie müssen zuvor den Jüngling kennen lernen, mit dessen ferneren Erlebnissen wir es sogleich zu thun haben werden. Sie wissen Alle, daß unser größter Dichter am 28. August 1749 in Frankfurt a. M. geboren wurde. Man hat wohl gesagt, daß der Hunger des Dichters zehnte Muse sei d. h. daß es materieller Sorge bedürfe, um des Dichters Talent zu spornen und zu entwickeln. War je ein Sprichwort unwahr, so ist es dieses. Wie viel Talente sind in Noth und Elend verkümmert oder untergegangen, die im Sonnenschein des Glücks herrlich hätten erblühen können. Wie nahe war unser großer Schiller dem Untergange, als sich zwei edle Männer, der Herzog von Augustenburg und der Graf Schimmelmann seiner annahmen und durch Aussetzung eines Jahrgehalts ihn der deutschen Nation gleichsam zum zweiten Male schenkten. Wie lange hat unser Schiller, um das nackte Leben zu fristen, seine Zeit untergeordneten Arbeiten, Uebersetzungen aus dem Französischen, für 4—6 Rthlr. den Druckbogen widmen müssen! wie spät begünstigte eine leibliche Befreiung von den Sorgen des Tages die volle Entwicklung seines Genie's, bis er auf der Mittagshöhe des Lebens seinem Volke und der Menschheit nur zu früh entrissen wurde! Was es nun aber mit jenem Sprichworte auf sich habe, auf unseren Göthe fand es niemals Anwen=

bung. Im Wohlstande geboren, mit jedem Mittel, seine Gaben zu entwickeln, reichlich begabt, stets befähigt, die besten Kreise der Gesellschaft, schöne Natur und schöne Kunst kennen zu lernen, lernte er bis zu den hohen Jahren, welche ihm zu erreichen vergönnt war, niemals die Sorge des Tages kennen. Ueberdies hatte ihn ein gütiges Geschick mit zwei trefflichen Eltern beschenkt, die so recht geeignet waren, seine Jugend zu leiten und zu verschönen, die verschiedenen Seiten seines Charakters zu entwickeln.

Sein Vater, der kaiserliche Rath, streng, pedantisch, ordnungsliebend und rechtschaffen, leitete mit sicherer Hand seines Wolfgangs äußeren Lebensgang, die Mutter, einfach, herzlich, stets wohlgelaunt, des Dichters traute Mährchenerzählerin, entwickelte des Dichters Herz und Phantasie. Erst 18 Jahre alt, als Wolfgang geboren wurde, während der Vater viel älter war, sagte sie wohl mit Recht: „Ich und mein Wolfgang haben uns halt immer verträglich zusammengehalten; das machte, weil wir beide jung und nicht gar so weit, als der Wolfgang und sein Vater aus einander gewesen sind." Doch wie könnte ich des Dichters Verhältniß zu seinen Eltern passender schildern, als mit des Dichters eigenen bekannten Worten:

Vom Vater hab' ich die Statur,
Des Lebens ernstes Führen;
Vom Mütterchen die Frohnatur,
Und Lust zu fabuliren.

Göthe hat seine erste Erziehung im elterlichen Hause erhal=

ten; nur kurze Zeit, während des Umbaus des Vaterhauses, im Jahre 1754 besuchte er eine öffentliche Schule. Im Oktober 1765 bezog der sechzehnjährige Student die Universität Leipzig, um nach des Vaters Willen die Rechte zu studiren, aber er studirte wenig; die schönen Künste, die gute, und auch die schlechte Gesellschaft zogen ihn mehr an. Hier bereicherte er seine Lebenserfahrungen, wozu Leipzig wohl geeignet war nach des Dichters eigenen Worten:

„Mein Leipzig lob' ich mir,
Es ist ein klein Paris und bildet seine Leute."

Aber der Vater, unzufrieden mit des Sohnes unzureichenden juristischen Fortschritten, schickte ihn im April 1770 nach Straßburg, wo er seine juristischen Studien endlich vollendete und im August 1771 promovirte. Seine Dissertation hatte ein Thema, das uns heute wunderbar klingen muß, nämlich „daß jeder Gesetzgeber berechtigt und verpflichtet sei, einen gewissen Cultus festzusetzen, von welchem weder die Geistlichkeit, noch die Laien sich lossagen dürften." Dem Vater gefiel die Arbeit, nicht so dem Dekan der Fakultät, dem die Arbeit bedenklich schien und der daher Göthe gestattete, nur über Thesen zu disputiren. So ward der Dr. juris fertig und zum Stolze des Vaters kehrte er so nach Frankfurt zurück. Es war dies Ende August 1771. Aber dem Vater fehlte noch Eins zur juristischen Ausbildung des Sohns: Die Kenntniß der Praxis des Rechtes. Diese Lücke auszufüllen, schien dem Vater nichts geeigneter als ein Besuch in Wetzlar, dem alten Sitze des Reichskammergerichts, und dahin sehen wir nun unseren Göthe im Frühjahr des Jahres 1772 sich wenden.

Aber, meine Herren, dies ist nur das äußere Gerippe des Lebens unseres Göthe bis zur Reise nach Wetzlar. Was wissen Sie dadurch von ihm, was Sie nicht auch von tausend Anderen wissen! Eins fehlt uns noch, die Kenntniß seiner geistigen Eigenthümlichkeit, seines Charakters. Ich muß mich hier auf wenige Striche beschränken. Das Bild des jugendlichen Göthe ist unserem Volke nur zu sehr hinter das des majestätischen Greises, des allgemein anerkannten Dichterfürsten zurückgetreten. Seine deutschen Biographen und Commentatoren haben sich mehr mit seinen Werken, als seinen persönlichen Eigenthümlichkeiten, besonders denen seiner Jugend beschäftigt; er selbst hat in „Dichtung und Wahrheit" seine Jugend vielfach mit den Augen des Greises angesehen; er hat die Gefühle seiner Jugend halb vergessen; was damals hell brannte, vermag er nur noch mit gedämpften Farben zu schildern. Alles Bewegte ist zur Ruhe gekommen und Gegenstand künstlerischer Darstellung geworden. Aber die Quellen zu einer wahren Darstellung seiner Jugend sind unverloren; in seinen Jugendwerken selbst sind sie aufzufinden und besonders in den Briefen an Kestner und Charlotte, mit deren Herausgabe uns Lottens vierter Sohn, der Hannover'sche Legationsrath Kestner beschenkt hat.

Göthe war ein frühreifes Kind. Schon im achten Jahre hat er sich die Kenntniß der deutschen, lateinischen, griechischen, französischen und italienischen Sprache erworben, dabei denkt er früh über das Leben und sein Endziel nach, ist förmlich, verständig, wißbegierig, aber er ist kein Bücherwurm, er treibt sich auf den Straßen umher, macht alle Festlichkeiten mit, beobachtet Menschen und Sitten. So ist im Kinde bereits das Bild des Mannes gegeben, des vielseitigen, ernsten, stets seiner selbst gewissen, zur inneren Harmonie strebenden Mannes. Aber zwischen inne liegt der Jüngling. Wie anders erscheint uns der Jüngling, als es das Kind zu werden versprach und der Mann wurde. Wild, ausgelassen, zu Schelmerei und toller Verkleidung geneigt, unter allen Jugendgenossen der Führer, Verächter der Sitte in Kleidung und gesellschaftlichen Formen, in Leidenschaft aufschäumend, schnell erregt und dann wieder im Wechsel der Stimmung zur tiefsten Melancholie, zum Aufsuchen der Einsamkeit, zur trübsten Selbstquälerei übergehend.

"Himmelhoch jauchzend
zu Tode betrübt."

Aber in allem Sturm und Drang der Leidenschaft zeichnet ihn Eins aus, das ihn von seinen Genossen unterscheidet: **der kräftige Wille, die Herrschaft der Vernunft**, die sich zur rechten Stunde geltend macht, und wenn der Taumel am höchsten stieg, Alles aus seiner Richtung geschoben scheint, mit eiserner Kraft Alles in's Gleichgewicht zurückrückt.

„Ein guter Mensch in seinem dunklen Drange
Ist sich des rechten Weges wohl bewußt."

Und wenn ich Ihnen noch sein Aeußeres schildern soll, so sage ich kurz, daß er für den schönsten Jüngling seiner Zeit galt. Wenn er in ein Gasthaus trat, legten die Leute — so erzählt Lewes — Gabel und Messer nieder und staunten ihn an. Die gewölbte hohe Stirn, die glänzenden dunklen Augen, der ausdrucksvolle Mund, die hohe Gestalt: Dies sind die einzelnen Charaktere seines Aeußeren.

Und nun lassen Sie uns unsere Schritte weiter wenden und mit Göthe durch das Thor von Wetzlar schreiten.

In Wetzlar war also das Reichskammergericht, die hohe Schule, auf der der junge Göthe die Lücken seiner Rechtskenntnisse ergänzen sollte. Doch er war zu einer ungünstigen Zeit nach Wetzlar gekommen; das Reichskammergericht war in vollständigem Verfall. Göthe selbst hat in „Dichtung und Wahrheit" eine kurze Geschichte des Reichskammergerichts gegeben, welche die Ursachen dieses Verfalls deutlich hervorhebt. Unter Kaiser Maximilian errichtet, war das Reichskammergericht zunächst zur Sicherung des Landfriedens bestimmt. Der Kaiser bestellt den Oberrichter, die Stände senden die Beisitzer: es sollten ihrer vierundzwanzig sein; man begnügt sich anfangs mit zwölfen. Hier war bereits jener Grundfehler gegeben, an dem das Gericht untergehen sollte: Die Unzulänglichkeit der Arbeitskräfte. Dem Kaiser lag nichts an einem Gerichte, das ihm die Stände abgezwungen; in den Ständen erkaltete bald der Eifer; am wenigsten wollten sie Geldmittel auf das Institut wenden. So waren wenige Beisitzer auf eine nur mäßige Bewilligung der Stände angewiesen. So wuchsen die Reste bergehoch. Früher hatten jährliche Visitationen durch die Fürsten in Person oder ihre Räthe stattgefunden. 166 Jahre vergingen, ohne daß eine Visitation stattfand. Kaiser Joseph mit seinem ungestümen Reformeifer regte sie auf's Neue an. Die Geschäfte wurden im Jahre 1767, als diese Visitation begann, von 17 Assessoren besorgt, die nicht einmal im Stande waren, das Laufende zu bearbeiten. 20000 Processe hatten sich angesammelt, nur 60 konnten jährlich erlebigt werden und das doppelte wuchs hinzu. Der Revision harrten 50000 Processe. Dabei ward dies Geschäft complicirt und aufgehalten durch Untersuchungen, welche gegen die Richter selbst wegen Amtsverbrechen geführt werden mußten. Als Göthe nach Wetzlar kam, war die Visitation bereits 5 Jahre im Gange, mehrere Richter waren suspendirt, die Untersuchungen beinahe geschlossen. In diesem Chaos — das merkte Göthe bald — war für seine Rechtskenntniß nicht viel zu gewinnen, aber die merkwürdige Episode seines Lebens, die ich vor Ihnen zu behandeln habe, die er mit der Kälte des Greises in seiner Biographie behandelt, greift mit der

Mehrzahl ihrer handelnden oder leidenden Perſonen in die Sphäre
des Reichskammergerichts.

Unter den Geſandtſchaftsſecretairen finden wir Keſtner, der
ſeit 1767 als Secretair der kurfürſtl. Hannover'ſchen Geſandt=
ſchaft in Wetzlar weilte. Mit Göthe an demſelben Monatstage,
dem 28. Auguſt, aber 8 Jahre früher geboren, ſtand er in jenem
Jahre 1772 in ſeinem 31. Lebensjahre. Neben ihm fällt unſer
Blick auf Karl Wilhelm Jeruſalem, Secretair bei der herzogl.
Braunſchweigiſchen Viſitationsgeſandtſchaft. Und auch der Gatte
jener Frau, welche Jeruſalem ſo unglücklich liebte, und den Keſtner
nur mit ſeinem Anfangsbuchſtaben H. in dem Berichte über Jeru=
ſalems Selbſtmord bezeichnet, war Secretair bei der Pfälziſchen
Viſitationsgeſandtſchaft.

Neben dem Reichskammergerichte fällt unſer Blick in Wetz=
lar auf das deutſche Haus. Das deutſche Haus war das Amts=
haus des deutſchen Ordens; hier ſaß der Amtmann, welcher die
Erträge der ſpärlichen Beſitzungen, welche dem heruntergekom=
menen Orden geblieben waren, erhob. Der Amtmann in Wetzlar
war Herr Buff, der Vater Charlottens, deſſen zweite Tochter
ſie war.

So ſind Sie, meine Herren, vorläufig mit den Perſonen
bekannt gemacht, welchen Sie in der folgenden Schilderung näher
treten werden.

Göthe, der in Wetzlar nur eine ſteife, hoch officiöſe Geſell=

schaft zu finden erwartete, war nicht wenig erstaunt, als er sich
durch den burschikosen Ton der Gesellschaft, mit der er bald in
Berührung kam, fast auf die Universität zurückversetzt sah, in ein
„drittes akademisches Leben," wie er sich ausdrückt, zu dem von
Leipzig und Straßburg. Der Kreis der Gesandtschaftssecretaire,
die er an der Wirthstafel traf, bildete eine humoristische Tafel=
runde, in welche er aufgenommen wurde. Fremde, die zufällig
an die Wirthstafel kamen, mußten die untersten Plätze einnehmen
und verstanden den Jargon der eingeführten Rittersprache nicht.
Jedes Ordensmitglied hatte seinen besonderen Beinamen. Göthe
hieß Götz von Berlichingen, der Redliche, nicht etwa, wie Sie
meinen könnten, als Verfasser des bekannten Schauspiels, das er
zwar nach Wetzlar fertig mitbrachte, das aber erst im folgenden
Jahre veröffentlicht wurde, sondern weil seine Verehrung für
Götz und dessen Selbstbiographie bald bekannt wurde. Lassen
Sie mich überhaupt hier sogleich die Bemerkung anknüpfen, daß
Göthe damals noch keinen dichterischen Ruf besaß und besitzen
konnte, weil bis dahin nichts unter seinem Namen veröffentlicht war;
er war eine der Welt in Wetzlar noch wenig bekannte Persönlichkeit.
In diesem Kreise der Gesandtschaftssecretaire finden wir den Gra=
fen Kielmannsegge, einen ernsten und philosophisch gebildeten
Mann, dem Göthe bald näher trat, den Braunschweigischen Ge=
sandtschaftssecretair von Goué, den wildesten Gesellen und Grün=
der der Tafelrunde und Gotter, den bekannten Dichter, mit dem

Göthe bald innige Freundschaft schloß und der ihn mit der Göttinger Dichterschule in Verbindung brachte.

Der von Kestner, dem Sohne, herausgegebene Briefwechsel beginnt mit einem Fragmente aus seines Vaters Papieren, das den ersten Eindruck, den Göthe auf Kestner machte, so lebendig schildert, daß ich es Ihnen nicht vorenthalten darf:

„Im Frühjahr kam hier ein gewisser Göthe aus Frankfurt, seiner Handthierung nach Dr. Juris, 23 Jahre alt, einziger Sohn eines sehr reichen Vaters, um sich hier — dies war seines Vaters Absicht — in praxi umzusehen, der seinigen nach aber den Homer, Pindar u. s. w. zu studiren, und was sein Genie, seine Denkungsart und sein Herz ihm weiter für Beschäftigungen eingeben würden. Gleich anfangs kündigten ihn die hiesigen schönen Geister als einen ihrer Mitbrüder und als Mitarbeiter an der neuen Frankfurter Gelehrten Zeitung, beiläufig auch als Philosophen im Publico an und gaben sich Mühe, mit ihm in Verbindung zu stehen. Da ich unter diese Classe von Leuten nicht gehöre oder vielmehr im Publico nicht so gänge bin, so lernte ich Göthen erst später und ganz von ohngefähr kennen. Einer der vornehmsten unserer schönen Geister, Legationssecretair Gotter, beredete mich einst nach Garbenheim, einem Dorf, gewöhnlichem Spaziergang (Wahlheim in „Werthers Leiden" genannt), mit ihm zu gehen. Daselbst fand ich ihn im Grase unter einem Baum auf dem Rücken liegen, indem er sich mit einigen Umstehenden, einem Epikuräischen Philosophen (von Goué, großes Genie), einem stoischen Philosophen (v. Kielmannsegge) und einem Mittelbinge von beiden (Dr. König) unterhielt, und ihm recht wohl war. Er hat sich nachher darüber gefreut, daß ich ihn in einer solchen Stellung kennen gelernt. Es ward von mancherlei, zum Theil interessanten Dingen gesprochen. Für dieses Mal urtheile ich aber nichts weiter von ihm als: er ist kein unbeträchtlicher Mensch. Sie wissen, daß ich nicht eilig urtheile. Ich fand schon, daß er Genie hatte und eine lebhafte Einbildungskraft; aber dieses war mir doch noch nicht genug, ihn hochzuschätzen.

Ehe ich weiter gehe, muß ich eine Schilderung von ihm versuchen, da ich ihn nachher genau kennen gelernt habe.

Er hat sehr viele Talente, ist ein wahres Genie und ein Mensch von Charakter, besitzt eine außerordentlich lebhafte Einbildungskraft, daher er sich meistens in Bildern und Gleichnissen ausdrückt. Er pflegt auch selbst zu sagen, daß er sich immer uneigentlich ausdrücke, niemals eigentlich ausdrücken könne; wenn er aber älter werde, hoffe er die Gedanken selbst, wie sie wären, zu denken und zu sagen.

Er ist in allen seinen Affecten heftig, hat jedoch oft viel Gewalt über sich. Seine Denkungsart ist edel; von Vorurtheilen so viel frei, handelt er, wie es ihm einfällt, ohne sich darum zu bekümmern, ob es Anderen gefällt, ob es Mode ist, ob es die Lebensart erlaubt. Aller Zwang ist ihm verhaßt.

Er liebt die Kinder und kann sich mit ihnen sehr beschäftigen. Er ist bizarr und hat in seinem Betragen, seinem Aeußerlichen Verschiedenes, das ihn unangenehm machen könnte. Aber bei Kindern, bei Frauenzimmern und vielen Anderen ist er doch wohl angeschrieben.

Für das weibliche Geschlecht hat er sehr viel Hochachtung.

In principiis ist er noch nicht fest und strebt noch erst nach einem gewissen System.

Um etwas davon zu sagen, so hält er viel von Rousseau, ist jedoch nicht ein blinder Anbeter von demselben.

Er ist nicht, was man orthodox nennt. Jedoch nicht aus Stolz oder Caprice oder um etwas vorstellen zu wollen. Er äußert sich auch über gewisse Hauptmaterien gegen Wenige; stört Andere nicht gern in ihren ruhigen Vorstellungen.

Er haßt zwar den Skepticismus, strebt nach Wahrheit und nach Determinirung über gewisse Hauptmaterien, glaubt auch schon über die wichtigsten determinirt zu sein; soviel ich aber gemerkt, ist er es noch nicht. Er geht nicht in die Kirche, auch nicht zum Abendmahl, betet auch selten; denn, sagte er, ich bin dazu nicht genug Lügner.

Zuweilen ist er über gewisse Materien ruhig, zuweilen aber nichts weniger, wie das.

Vor der christlichen Religion hat er Hochachtung, nicht aber in der Gestalt, wie sie unsere Theologen vorstellen.

Er **glaubt** ein künftiges Leben, einen bessern Zustand.

Er strebt nach Wahrheit, hält jedoch mehr vom Gefühl derselben, als von ihrer Demonstration.

Er hat schon viel gethan und viele Kenntnisse, viel Lectüre; aber doch noch mehr gedacht, und raisonnirt.

Aus den schönen Wissenschaften und Künsten hat er sein Hauptwerk gemacht, oder vielmehr aus allen Wissenschaften, nur nicht den sogenannten Brodwissenschaften.

Am Rande dieses Brouillon fügt Kestner noch hinzu: Ich wollte ihn schildern, aber es würde zu weitläufig werden; denn es läßt sich gar viel von ihm sagen. Er **ist mit einem Worte ein sehr merkwürdiger Mensch.**"

Weiter unten steht:

„Ich würde nicht fertig werden, wenn ich ihn ganz schildern wollte."

Das war der 23jährige Göthe nach der Schilderung eines scharf beobachtenden Menschen- und Weltkenners. Bald riß er sich von dem heiteren Kreise der Tafelrunde los, um wiederum einer tiefen Melancholie zu verfallen, die wiederum mit wilder Ausgelassenheit wechselte. Er suchte die Einsamkeit und genoß mit einer trüben Sehnsucht die Reize der Landschaft. Er war damals noch von einer Wunde des Herzens nicht genesen. Liebe und Reue wohnten wechselseitig in seiner Brust. Ein Erlebniß während seines Aufenthaltes in Straßburg wirkte mächtig in ihm nach. Ich meine sein Verhältniß zu Friederike Brion, der Pfarrerstochter von Sesenheim. Man darf ohne Bedenken behaupten, daß keines seiner mannigfachen Verhältnisse zu edlen Frauen ihn tiefer ergriff, als dieses; noch in spätem Alter bewegte ihn die Erinnerung an Friederike so mächtig, daß, als er diesen Theil seiner Jugendgeschichte dem Secretair Kräuter dictirte, er, wie dieser erzählt, oft im Umhergehen stille stand, inne hielt und tief seufzte, um leise fortzufahren. Und wahrlich Friederikens Gestalt ist in „Wahrheit und Dichtung" auch mit mehr Liebe verherrlicht, als die irgend einer anderen. Die herrlichen Lieder, welche der Liebe zu ihr ihre Entstehung verdanken, ragen unter allen Jugendgedichten Göthe's weit hervor. Und die liebliche und beklagenswerthe Friederike, jedem Literatur- und Göthekenner lieb und bekannt, steht vor unseren Augen um so rührender da, als der kurze Sonnenblick der Bekanntschaft mit Göthe der einzige Lichtpunkt ihres Lebens war, der wohl lange nachglänzte. Ich muß über diesen Theil von Göthe's Biographie kurz hinwegeilen, so wenig ich ihn auch als unentbehrlich zum Verständnisse seiner Natur übergehen kann. Es war im October 1770, als Göthe von Straßburg aus mit einem Freunde zum Besuch nach Sesenheim ritt, nach seiner ausgelassenen Art in Verkleidung und zwar als armer Student der Theologie. Dieser Verkleidung schämte er sich aufs Aeußerste, als er die zweite Tochter des Pfarrers Brion in Sesenheim, Friederike, kennen lernte. Sechszehnjährig, von einfachster Natürlichkeit, dabei innig und herzlich, trat sie dem jungen Göthe in ihrer ländlichen Tracht — „auf der Gränze zwischen Bäuerin und Städterin" — unwiderstehlich entgegen. Bald hatte sich ein inniges Verhältniß zwischen beiden gebildet; obwohl nicht förmlich verlobt, galt er ihr und der Umgebung als ihr erklärter Liebhaber. Trotz der mannigfachen Interessen, die ihn in Straßburg fesselten, seiner Vorbereitung zum Doktorexamen und des Umgangs mit Herder ergriff ihn seine Leidenschaft tief. Da kam die Mutter mit den Töchtern zu Besuch nach Straßburg, die Mädchen in ihrer deutschen Elsässertracht, während sich in Straßburg alles französisch trug. Der Abstand ihrer Tracht und ihres Wesens gegen die städtischen Sitten machte auf Göthe einen peinlichen Eindruck. „Es giebt Frauenspersonen — so sagt unser Dichter in „Dichtung und Wahrheit" — die uns im Zimmer besonders wohl gefallen, andere, die sich besser im Freien ausnehmen; Friederike gehörte zu den letzteren. Ihr Wesen, ihre Gestalt trat niemals reizender hervor, als wenn sie sich auf einem erhöhten Fußpfad hinbewegte; die Anmuth ihres Betragens schien mit der beblümten Erde, und die unverwüstliche Heiterkeit ihres Antlitzes mit dem blauen Himmel zu wetteifern." Und an einer andern Stelle: „Und so fand ich nun meine Freundinnen, die ich nur auf ländlicher Scene zu sehen gewohnt war, deren Bild mir nur auf einem Hintergrund von schwankenden Baumzweigen und einem meilenweit freien Horizont bisher erschien — ich sah sie nun zum erſten Male in ſtädtiſchen, zwar weiten Zimmern, aber doch in der Enge, in Bezug auf Tapeten, Spiegel, Standuhren und Porcellanpuppen." Mag es nun die Zerſtörung theurer Illuſionen und die aufſteigende Ueberzeugung, daß für einen bleibenden Bund Friederike ihm nicht genügen könne, mögen es andere Motive geweſen ſein, die den 21jährigen Jüngling abſchreckten, ein ernſteres Verhältniß einzugehen: Göthe fühlte die Nothwendigkeit der Trennung, aber nicht ohne Schmerz und Reue. Ohne förmliche Erklärung ward er Friederikens Geliebter, ohne Erklärung, mit einem einfachen Worte des Abſchiedes ſchied er; Friederike, deren ſchönſtes Glück verſank, hatte weder jetzt, noch bei einem ſpäteren Zuſammentreffen ein Wort des Vorwurfs, ſie bewahrte ihm ſtets die gleiche Liebe und Zärtlichkeit. Wie ſtarke Seelenkämpfe der Trennung von Friederike vorhergingen, zeigen uns charakteriſtiſche Stellen aus „Dichtung und Wahrheit," wie: „Eine ſolche jugendliche, aufs Gerathewohl gehegte Neigung iſt der nächtlich geworfenen Bombe zu vergleichen, die in einer ſanften glänzenden Linie aufſteigt, ſich unter die Sterne miſcht, ja! einen Augenblick unter ihnen zu verweilen ſcheint, alsdann aber abwärts, zwar wieder dieſelbe Bahn nur umgekehrt bezeichnet und zuletzt da, wo ſie ihren Lauf geendet, Verderben hinbringt" und: „Ein Mädchen, das einem Manne entſagt, dem ſie ihre Gewogenheit nicht verläugnet, iſt lange nicht in der peinlichen Lage, in der ſich ein Jüngling befindet, der mit Erklärungen ebenſo weit gegen ein

Frauenzimmer herausgegangen ist. Er spielt immer eine leidige Figur; denn von ihm, als einem werbenden Manne, erwartet man schon eine gewisse Uebersicht seines Zustandes und ein entschiedener Leichtsinn will ihn nicht kleiden. Die Ursachen eines Mädchens, das sich zurückzieht, scheinen immer giltig, die des Mannes niemals."

Man hat Göthe wegen der Lösung dieses Verhältnisses sophistisch zu vertheidigen versucht, von der Mission des Genies, der höheren Rücksicht auf seine künstlerische Zukunft gesprochen; soviel steht fest, Göthe selbst hat sich niemals entschuldigt. Er spricht in „Dichtung und Wahrheit" mit tiefer Wehmuth von einem Abschiedsbriefe an Friederiken, der leider verloren gegangen ist. Er sagt ausdrücklich: „Hier war ich zum ersten Male schuldig."

Nach acht Jahren sah er Friederiken wieder. Es war auf einer Reise nach der Schweiz, auf der er den Herzog Karl August begleitete. Es zog ihn von Straßburg nach Sesenheim. Friederike war so herzlich und freundschaftlich wie je. „Nachsagen muß ich ihr — so berichtet Göthe der Frau v. Stein — daß sie auch nicht durch die leiseste Berührung irgend ein altes Gefühl in meiner Seele zu wecken unternahm." Sie führte ihn an alle Lieblingsplätze. Man fand Göthe jünger geworden. Lenz und Andere hatten sich nach seinem damaligen Fortgange um sie beworben. Sie wies alle ab.

Lassen Sie mich, meine Herren, von diesem Vorspiel zur

Weßlarer Episode, die soviel würdiger abschloß, mit den gemüth=
vollen Worten Lewes' scheiden:

„Und so lebe wohl, Friederike, glänzendes, herrliches Bild
aus eines Dichters Jugend! Wir lieben dich, wir bedauern dich,
und der Gedanke überkommt uns, wie ganz anders wir gegen
dich gehandelt hätten! Nach Sesenheim machen wir Wallfahrten,
wie nach Baucluse und sein leserlich schreiben wir deß zum Zeug=
niß unsere Namen in das Fremdenbuch. Und nicht ohne Rührung
lesen wir Erzählungen, wie die des würdigen Philologen Näke,
der 1822 die erste Wallfahrt machte, jeden Fußbreit Landes un=
tersuchte, wo die bezaubernde Friederike einst gewandelt, im
Wirthshause zu Sesenheim nachdenklich zu Mittag speiste (mit
der stillen Befürchtung, die Rechnung werde wohl über Erwarten
hoch sein), dann mit Herrn Brions Nachfolger Kaffee trank und
— für einen verstaubten Stubengelehrten rührend gefühlvoll —
von der Jasminstaude, die einst Friederikens weiße Hand gepflegt,
einen Strauch abbrach und in sein Taschenbuch legte als dauern=
des Angedenken!"

Darüber waren nun mehr als anderthalb Jahre vergan=
gen und weder angestrengte Arbeit in Frankfurt, noch die ersten
Eindrücke in Wetzlar hatten Göthe ruhiger gestimmt. Und wie es
wohl im Leben zu gehen pflegt, daß wir gerade, alten Unglücks
gedenkend, empfänglicher für ein neues Glück sind, besonders in
der wechselnden Stimmung der Jugend, so konnte das Bild

Friederikens, das Göthe verfolgte, nur von einer neuen Liebe verdrängt werden.

Des Amtmann Buff zweite Tochter, Charlotte, war damals 19 Jahre alt, nicht 16, wie Lewes irrthümlich angiebt, ebensowenig als nach derselben Angabe der Hannover'sche Legationssecretair Kestner erst 24, der vielmehr damals in seinem 31. Lebensjahre stand, wie die Einleitung Kestners, des Sohnes, zum Briefwechsel Göthes mit seinen Eltern unzweifelhaft ergiebt.

Der Amtmann Buff war ein in Wetzlar hochgeachteter Mann, energisch, bieder, ein vortrefflicher Vater. Göthe hat uns im „Werther," obwohl seine Person stets im Hintergrunde der Handlung bleibt, ihn mit einigen treffenden Strichen gezeichnet. Seiner Gattin hat Kestner in einigen Briefen an seinen Freund Hennings und Göthe selbst im „Werther," nämlich in Lottens Erzählungen von ihrer verstorbenen Mutter, ein Ehrendenkmal gestiftet. Diese Frau, die nur für ihre zahlreichen Kinder lebte — man nannte sie in Wetzlar die „Mutter der schönen Kinder" — sanft, gefühlvoll, dabei heiter und verständig, war die Seele des Hauses. Zwei Jahre vor dem Beginn meiner Erzählung, im Jahre 1770, war diese treffliche Frau gestorben und Lotte erbte die mütterlichen Pflichten.

Charlotte war eine seltene und höchst einnehmende Erscheinung. Stets heiter und lebhaft, frei von jedem sentimentalen Zuge, erfüllte sie ihre neuen Pflichten mit einer Energie, die Aller

Bewunderung erregte. Sie hatte über die Geschwister vollständig mütterliche Autorität und ward doch von ihnen wie eine Schwester geliebt. Das Hauswesen leitete sie mit vollendeter Präcision. Dabei war sie den Freuden der Jugend, besonders dem Tanze, leidenschaftlich zugethan. „Die pflichtmäßige Miene der mütterlichen Strenge hatte den Schmelz der bräutlichen Heiterkeit," so spricht ihr Sohn in der oft erwähnten Einleitung von ihr.

Im Jahre 1768, 2 Jahre vor der Mutter Tode, hatte Joh. Chr. Kestner Zutritt in diesem Hause erhalten. Das Jahr vorher nach Wetzlar gekommen, hatte er, der in Hannover eine sorgfältige Erziehung erhalten und an mannigfachen Umgang gewöhnt war, sich lange in dem neuen Orte vereinsamt gefühlt und sich allein an den Schönheiten des Lahnthales, das er fleißig durchwanderte, getröstet. In dem Buff'schen Hause ging ihm eine neue Welt auf. Jede freie Stunde brachte er, der fleißige Arbeiter, dort zu und bald hatte er sich unter Begünstigung der Mutter mit Charlotten versprochen, ohne ihr förmlicher Verlobter zu sein. Er war Lottens würdig. Von dem biedersten Herzen, der treueste Freund, gebildet und sehr gereiften Verstandes war er ein vollendeter Geschäftsmann, der seinem Gesandten, welchen er den fleißigsten unter allen nannte, treu zur Seite stand.

Dies waren die Personen, mit denen Göthe bald in die innigste Beziehung trat. Am 9. Juni 1772 lernte er Lotten auf

einem ländlichen Balle kennen — der erste Theil des „Werther"
enthält eine getreue Schilderung dieses Ballabends und Lottens im
Kreise der Kinder —; der Eindruck, den Lotte auf den liebebedürf=
tigen Jüngling machte, war tief. Kestner schildert in einem uns
erhaltenen Fragmente eines Briefes diese erste Begegnung: „Er
war den ganzen Tag ausgelassen lustig (dieses ist er manchmal, da=
gegen zur anderen Zeit melancholisch), Lottchen eroberte ihn ganz,
um desto mehr, da sie sich keine Mühe darum gab, sondern sich
nur dem Vergnügen überließ. Anderen Tages konnte es nicht feh=
len, daß Göthe sich nach Lottchens Befinden auf dem Ball erkun=
digte. Vorhin hatte er in ihr ein fröhliches Mädchen kennen ge=
lernt, das den Tanz und das ungetrübte Vergnügen liebt; nun
lernte er sie auch erst von der Seite, wo sie ihre Stärke hat, von
der häuslichen Seite, kennen."

Göthe war bald im Buff'schen Hause ein täglicher, gern
gesehener Gast. Der alte Amtmann liebte ihn wie einen
Sohn, die Kinder wie einen ältern Bruder. Er, der stets
Kinder geliebt hatte, entwickelte sein von der Mutter geerbtes
Talent und ward ihnen durch Erzählen von Mährchen bald un=
entbehrlich. Dann lag er wieder mit ihnen auf dem Boden und
ließ sich von ihnen zerzausen. Auch dieser Zug der innigen
Spielkameradschaft mit Lottens Geschwistern ist im „Werther" treu
wieder gegeben. Trefflich aber und einzig in seiner Art war
das Verhältniß zwischen den drei Hauptpersonen, Kestner, Lotten

und Göthe. Kestner, an Lebenserfahrung weit reifer, als Göthe, sah die Leidenschaft in dem Dichter entstehen und wachsen, auch betrachtete er, der ältere Mann, ihn keineswegs als einen verächtlichen Nebenbuhler; denn er hatte, wie Sie aus dem früher angeführten Fragmente ersehen haben, die Bedeutung des Jünglings und seine hohe Zukunft früh erkannt; spricht er doch sogar in einem Briefe an Hennings von inneren Kämpfen, ob er Lotten so glücklich machen könne als Göthe. Und dennoch keine Spur von Eifersucht und doch diese seelengroße, stets unveränderte Freundschaft für Göthe! Er wußte, daß er Lotten wie Göthe fest vertrauen dürfe. Lotte faßte das Verhältniß noch unbefangener auf; in ihre Seele kam kein Gedanke, daß sie Kestner aufgeben könne. Dabei war ihr Benehmen Göthe gegenüber völlig ungezwungen und voll treuer Freundschaft. — „Lottchen — so schreibt Kestner an Hennings — wußte ihn so zu behandeln, daß keine Hoffnung bei ihm aufkommen konnte, und er sie in ihrer Art zu verfahren noch selbst bewundern mußte. Seine Ruhe litt sehr dabei; es gab mancherlei merkwürdige Scenen, wobei Lottchen bei mir gewann, und er mir als Freund auch werther werden mußte." Göthe selbst bekämpfte sich männlich und stand zwischen dem Freunde und der Geliebten über jeden Argwohn erhaben da. Wohl vermag er in „Dichtung und Wahrheit" seine damaligen Empfindungen nicht mehr zu schildern; er sagt mit Recht: „auch würde der Dichter jetzt die verdüsterten Seelenkräfte vergebens anrufen, umsonst von ihnen fordern, daß

sie jene lieblichen Verhältnisse wieder vergegenwärtigen möchten, welche ihm den Aufenthalt im Lahnthale so hoch verschönten," aber jenen allgemeinen Eindruck hat er zurückbehalten, daß er von Kestner, Lotten und sich erzählend hinzufügt: „sie hatten sich alle drei an einander gewöhnt, ohne es zu wollen, und wußten nicht, wie sie dazu kamen, sich nicht entbehren zu können."
Aber es war nicht abzusehen, zu welchen ernsteren Folgen die wachsende und so hoffnungslose Leidenschaft Göthe hätte führen können. Ein Freund führte die edelste Lösung herbei und Göthe leistete ihm willig Folge. Das Jahr vorher hatte Göthe den Kriegsrath Merck in Darmstadt zum Freunde gewonnen. Merck, ein ausnehmend scharfsinniger Kopf, ausgezeichneter Kenner der englischen Literatur, als Kritiker von den berühmtesten Dichtern seiner Zeit hoch gehalten, hatte Göthe's Genie erkannt. Jetzt, wie noch später, leitete er sorgsam den Dichter in ernsten Lebensangelegenheiten. Er war im August 1772 auf Göthe's Einladung nach Wetzlar gekommen, um Lotten kennen zu lernen, hatte sich aber, um des Dichters Leidenschaft abzulenken, sehr kalt über sie geäußert, was ihm Göthe, der ihn seinen Mephistopheles zu nennen liebte, damals übel nahm. Er bewog darauf Göthe, Wetzlar zu verlassen und mit ihm eine Rheinreise zu machen. Koblenz sollte ihr Rendezvous sein. Am 11. September 1772 in der Frühe reiste Göthe, ohne Abschied genommen zu haben, von Wetzlar ab. Am Abend vorher war er noch

mit Kestner und Lotten zusammen. „Sie führten ein merkwürdiges Gespräch von dem Zustande nach diesem Leben, vom Weggehen und Wiederkommen — so erzählt Kestner — welches nicht er, sondern Lottchen anfing. Wir machten mit einander aus, wer zuerst von uns stürbe, sollte, wenn er könnte, den Lebenden Nachricht von dem Zustande jenes Lebens geben. Göthe wurde ganz niedergeschlagen, denn er wußte, daß er am anderen Morgen weggehen wolle."

Im Werther schildert Göthe, ebenfalls unter dem Datum des 10. Septembers, diesen letzten Abend in Gesellschaft Alberts und Lottens, von denen Werther auch ohne Abschied scheidet. Hier, meine Herren, um es sogleich hier anzufügen, ist im Werther die Stelle, welche die Gränze zwischen Wahrheit und Dichtung bildet. In diesem ersten Theile des Werther, ist Werther wirklich Göthe, Lotte — Lotte und Albert — Kestner. Im zweiten Theile treten Begebenheiten ein und erscheinen Personen, die zum Theil erdichtet, zum Theil anderen Urbildern nachgebildet sind. Ich werde davon seiner Zeit zu handeln haben.

Kestner, der Sohn, hat uns den Abschiedsbrief Göthe's an Lotten aufbewahrt, der zugleich die Reihe der Göthe'schen Briefe an das Kestner'sche Paar eröffnet. Der Brief, wie die folgenden, sind in der Sammlung getreu wiedergegeben, bis auf die merkwürdige Orthographie, in welcher Göthe sich mit einem gewissen Eifer von den allgemeinen Regeln entfernte; ebenso hat er als Kraft=

genie jener Sturm- und Drangperiode den grammatischen Formen der Zeit kühn den Krieg erklärt. Ein Facsimile des Abschiedsbriefes, das beigegeben ist, zeigt seine schlanken und kühnen, sehr leserlichen Schriftzüge. Der kurze, sehr charakteristische Brief lautet:

„Wohl hoff' ich wiederzukommen, aber Gott weiß wann. Lotte, wie war mir's bei deinem Reden um's Herz, da ich wußte, es ist das letztemal, daß ich Sie sehe. Nicht das letztemal, und doch geh' ich morgen fort. Fort ist er. Welcher Geist brachte euch auf den Discurs. Da ich alles sagen durfte, was ich fühlte, ach mir war's um Hienieden zu thun, um ihre Hand, die ich zum letztenmal küßte, das Zimmer, in das ich nicht wiederkehren werde, und der liebe Vater, der mich zum letztenmal begleitete. Ich bin nun allein und darf weinen, ich lasse euch glücklich und gehe nicht aus eueren Herzen. Und sehe euch wieder, aber nicht morgen ist nimmer. Sagen Sie meinen Buben: Er ist fort. Ich mag nicht weiter." Ich darf Sie nicht mit weiteren Citaten ermüden. Das Eine geht aus Allem, insbesondere aus Kestner's Tagebuchblättern hervor, daß die ganze Familie im deutschen Hause von tiefem Schmerze über diese edle Flucht des Dichters erfüllt war. Kestner vermißte schwer den Freund, die Kinder im deutschen Hause riefen einander betrübt zu: Doctor Göthe ist fort.

Inzwischen wanderte der herrliche Jüngling die Lahn herunter nach Koblenz. Dort traf er Merck und dieser führte ihn in das Haus des Geheimrathes v. Laroche ein, dessen Frau Schriftstellerin und Verfasserin eines damals berühmten Romans war. Ein neuer Anziehungspunkt in diesem gebildeten und edlen Hause war für ihn die älteste Tochter Maximiliane, die bald darauf den Kaufmann Brentano in Frankfurt heirathete und Mutter zweier deutscher Dichter, Clemens und Bettina Brentano ward, von denen die letztere zu dem Greise Göthe noch in nähere Beziehung treten sollte. „Die liebe Max" erwähnt er oft in seinen Briefen an Kestners. Nach Frankfurt zurückgekehrt, widmete er sich ernstlich zu des Vaters Freude den Rechtsgeschäften und ging endlich an die Herausgabe seines Götz von Berlichingen. Merck überredete ihn, den Götz auf eigene Kosten herauszugeben, wobei er für den Druck, Göthe für das Papier sorgen sollte. Er versprach dem jungen Dichter die größten Vortheile davon. Göthe stürzte sich um der Sache willen in Schulden und erzählt uns in „Dichtung und Wahrheit," daß er von den versprochenen Vortheilen nie etwas gewahr wurde. So in die Interessen des Lebens tief verwickelt, mit tausend literarischen Projecten sich tragend ward er seiner Leidenschaft allmälig Herr. Aber der geistige Verkehr mit Kestner und Lotten war und blieb ihm Bedürfniß; er wollte mit dem deutschen Hause in fortdauernder Verbindung bleiben, jedes kleinste Ereigniß wissen, jeden Auftrag, der von dort kam, besorgen. Auch der Kinder vergaß er nicht und es war eigenthümlich, wie er, der so treuherzig und kindlich, so zärtlich und voll wehmüthiger Erinnerung an Kestner und Lotten schrieb, den tüchtigen Mentor dem Primaner Hans, Lottens Bruder, gegenüber herauskehrte. Und durch ihn wurden auch die Seinigen mit Kestners befreundet. Die oft erwähnte Sammlung enthält manigfache Briefe von Göthe's Mutter und Schwestern an die Kestners und Hans. Es erscheint mir zweckmäßig, meine Herren, auf diesen Briefwechsel schon an dieser Stelle etwas näher und zwar auf die Briefe bis zum Erscheinen des „Werther" einzugehen und somit die Wetzlarer Katastrophe, den Selbstmord Jerusalem's erst später mit dem Roman selbst Ihnen vorzuführen. Diese Briefe würden alle des Datums entbehren, wenn nicht Kestner, der Geschäftsmann, meistens den Tag des Empfangs darauf bemerkt hätte.

Während Göthe Kestnern bald „Sie," bald „Du," bald „Ihr" anredet, nennt er Lotten vorzugsweise „Du," was Kestner bei dem dichterischen Jüngling natürlich fand, obwohl er selbst nach der Sitte der Zeit sich der eigenen Braut gegenüber diese Freiheit nicht nehmen durfte.

In der ersten Zeit nach seinem Fortgange von Wetzlar unterhält er seine Freunde von allen seinen Erlebnissen und malt sich die ihren aus, das deutsche Haus, „wie dem Papa sein Pfeifgen schmeckt," was Karlingen und Lengen (so bleibt hartnäckig seine Orthographie) und Lotte und die Buben thun. Als nun Kestner's Hochzeit heranrückt, da will er Lottens Silhouette, die

beständig über seinem Bette hing, entfernen; sie soll erst wiederum dort hängen, wenn Lotten das erste Kind geboren ist; die Trauringe will er allein bestellen. Lotten schickt er den ihrigen mit der Adresse: „an Charlotte Buff, sonst genannt die liebe Lotte, abzugeben im teutschen Haus." Und das Brieflein lautet: „Möge mein Andenken immer so bei Ihnen sein, wie dieser Ring in ihrer Glückseligkeit. Liebe Lotte, nach viel Zeit wollen wir uns wiedersehn, Sie den Ring am Finger und mich noch immer für Sie. Da weis ich keinen Nahmen, keinen Beinahmen. Sie kennen mich ja."
Am Palmsonntag 1773 war die Hochzeit und Kestner führte Lotten nach Hannover heim, wohin er versetzt war. Göthe, der die Hochzeit erst am Ostersonntag vermuthet hatte und am Charfreitag Lottens Silhouette „begraben" wollte, läßt sie nun hängen „und soll denn auch hängen, bis ich sterbe. Lebe wohl."
— „Ich wandre in Wüsten, da kein Wasser ist, meine Haare sind mir Schatten und mein Blut mein Brunnen. Und euer Schiff doch mit bunten Flaggen und Jauchzen zuerst im Hafen freut mich. Und unter und über Gottes Himmel binn ich euer Freund und Lottens." Und mit humoristischer Bitterkeit heißt es später: „Von der Lotte wegzugehn. Ich begreif's noch nicht, wie's möglich war. Denn seht nur, seid kein Stock. Wer nun, oder vorher, oder nachher zu euch sagte: geht weg von Lotten. — Nun, was würdet Ihr? — Das ist keine Frage. — Nun ich bin auch kein Stock, und binn gangen und sagt, ist's Heldenthat oder was. Ich

binn mit mir zufrieden und nicht. Es kostete mich wenig und doch begreif' ich nicht, wie's möglich war. — Da liegt der Haas im Pfeffer." Im Mai 1774 erhielt er die frohe Kunde, daß Lotte einen Sohn geboren. „Ist mir auch wieder eine Sorge vom Hals — so schreibt er an Kestner —, küßt mir den Buben und die ewige Lotte. Sagt ihr, ich kann mir sie nicht als Wöchnerin vorstellen. Das ist nun unmöglich. Ich seh sie immer noch, wie ich sie verlassen habe." Er will, daß der Sohn nach ihm Wolfgang heiße, und wenn er einen anderen Namen erhalten, solle der nächste Wolfgang heißen. Voll Entzücken erzählt er ihr, daß seine alte Wetzlarer Wäscherin ihn in Frankfurt besucht und ihm, als sie Lottens Silhouette erblickt, viel von Lottens Kinderjahren erzählt. Und die alte Frau ist ihm heilig, er wolle für sie sorgen, sie, die Lotten auf dem Arme trug. Seine Silhouette mit dem herrlichen Profil — sie ziert die Kestner'sche Sammlung — sendet er an Lotten mit einem Gedicht, das er wenige Tage vorher gedichtet. „Das garst'ge G'sicht" in diesem Gedichte ist eine Anspielung auf ein Wort Lottens, das sie gegen ihn in Wetzlar gebraucht. „Küß' mir den Buben" — so schließt er — „ich möchte dich doch sehen den Buben auf'm Arm."

Das treffliche Gedicht ist folgendes:
    Wenn einen seligen Biedermann
    Pastor oder Rathsherrn lobesan
    Die Wittib läßt in Kupfer stechen
    Und drunter ein Verslein radebrechen,

Da heißt's: Seht hier von Kopf und Ohren,
Den Herrn, ehrwürdig, wohlgeboren,
Seht seine Mienen und seine Stirn,
Aber sein verständig Gehirn,
So manch Verdienst um's gemeine Wesen
Könnt ihr ihm nicht an der Nase lesen.
So, liebe Lotte, heißt's auch hier:
Ich schicke da mein Bildniß dir!
Magst wohl die lange Nase sehn,
Der Augen Blick, der Locken Wehn,
Es ist ohngefähr das garst'ge G'sicht,
Aber meine Liebe siehst du nicht.

Und in diesem Stadium des Briefwechsels weist er an dieser und jener Stelle schon auf das Erscheinen des „Werther" hin. So am 11. Mai: „Adieu, ihr Menschen, die ich so liebe, (daß ich auch der trauernden Darstellung des Unglücks unsers Freundes die Fülle meiner Liebe borgen und anpassen mußte.) „Die Parenthese bleibt versiegelt bis auf Weiteres." Und deutlicher am 16. Juni 1774: „Adieu, liebe Lotte, ich schick' euch ehestens einen Freund, der viel ähnliches mit mir hat, und hoffe, ihr sollt ihn gut aufnehmen, er heißt Werther und ist und war, das mag er euch selbst erklären.

Und hier, meine Herren, bin ich an den Punkt gelangt, an dem ich auf das schreckliche Ereigniß zurückgehen muß, das einen Monat nach Göthe's Abgang von Wetzlar, im October 1772, die ganze officielle und nicht officielle Welt am Sitze des Reichskammergerichts und weit darüber hinaus Tausende gefühlvoller Seelen tief erschütterte. Um den Eindruck, den dies Ereigniß überall machte, würdigen und verstehen zu können, lassen Sie uns zuvor einen Blick auf den Charakter der Zeit, auf die neuen Gedanken werfen, welche die Jugend erfüllten; denn erst auf dieser Grundlage ist Jerusalem's That und die Wirkung des Werther verständlich.

Eine stürmische Aufregung hatte sich damals der Jugend bemächtigt, die von den Hörsälen der Universitäten ausging — von einem deutschen Volke konnte ja nicht die Rede sein. Die Rückkehr zur Natur, die Verachtung alles Herkommens und aller Regeln im gesellschaftlichen, wie öffentlichen Leben war die allgemeine Losung. Lessings Kritik hatte vorgearbeitet. Die Begeisterung für Shakespeare, dem schon der 21jährige Göthe in Straßburg eine bewundernde Rede gewidmet hatte, die verächtliche Abwendung von den Franzosen und ihrem Kunstdrama, das Aufsuchen der Natur in der wiedererstandenen alten Balladen-Literatur war ein Zug der neuen Richtung. Es ist das Individuum, das nach Freiheit strebt. In der Gegenwart ist das Individuum durch Gesetz und Herkommen niedergehalten; es galt also zu Zeiten zurückzuflüchten, in denen eigene Kraft, eigener Muth die Schranken, welche die Bildung des modernen Staats aufzubauen beginnt, bricht, und ohne Widerstand edle Absichten durchzusetzen vermag. Der freie Ritter, nur dem Kaiser unterthan, den Fürsten feind, die Starken befehlend, die Schwachen schützend, der Ritter mit der eisernen Hand ist der Jugend jener Tage eine ehrwürdige Gestalt. Die Reformation hatte das Individuum auf religiösem Gebiete zu befreien gesucht; schon gingen die Vorwehen der Revolution durch Europa, welche das Individuum auch auf politischem Gebiete befreien sollten. Göthe hebt die Aeußerungen dieses Unabhängigkeitssinnes in „Dichtung und Wahrheit" treffend hervor. Der Theater= und Romandichter suchte seine Bösewichter am liebsten unter Ministern und Amtleuten. Wie kräftig dieser Zug der Sturm= und Drangperiode der deutschen Literatur — denn um diese handelt es sich — noch in einer späteren Epoche nachwirkte, kann man leicht aus Schillers ersten Dramen ersehen. Ich erinnere Sie an die Räuber und Kabale und Liebe. Es war die Zeit der edlen Räuber und der schuftigen Minister. In der Form galt es stark und rücksichtslos sein.

Die lebhafte Phantasie der Jugend ergötzte sich zudem an den grandiosen und kraftvollen Gestalten der nordischen Mythologie, und schauerte vor den Nebelgestalten Ossians. Werther und Lotte vergießen Thränenströme bei jenem Gesange Ossian's, der „Stern der dämmernden Nacht" beginnt. Es war die Ahnung des eigenen Schicksals in dem Armar's und Dauras.

Aber neben dieser Kraftseite der Sturm= und Drangperiode tritt uns eine andere entgegen, die mit ihr scheinbar unverträglich ist. Es machte sich eine Ueberschwänglichkeit und Uebertreibung der Gefühle geltend, die uns heute seltsam berührt.

Freundschaft wird mit denselben leidenschaftlichen Ausdrücken gefeiert als Liebe. „In Thränen uub Umarmungen — sagt Lewes — herrscht die tollste Verschwendung, auch bei den unbedeutendsten Anlässen." Man stiftet Geheimbünde der Empfindsamkeit, Orden der Versöhnung und des Mitleids. Man sendet sich gegenseitig seine Silhouette und schwärmt bei ihrem Anblick. Und neben dieser krankhaften Empfindlichkeit wohnt das Verzagen und die Verzweiflung. Von vielen Seiten wird der Selbstmord vertheidigt und gegen seine Verwerfung kehrt man sich mit moralischer Entrüstung. Auch erscheint der Selbstmord in poetischem Licht. Göthe erzählt uns in „Dichtung und Wahrheit," daß er einen wohlgeschliffenen Dolch, den er in seiner Waffensammlung besaß, sich jederzeit neben das Bett legte, und ehe er das Licht auslöschte, versuchte, ob er wohl die scharfe Spitze ein paar Zoll tief in die Brust zu senken vermöge. Da ihm dieses niemals gelang, so lachte er sich zuletzt selbst aus und warf alle „hypochondrischen Fratzen" hinweg. Ueber die verschiedenen Arten des Selbstmordes hätte er vorher seine Betrachtungen angestellt. „Wenn Ajax in sein Schwert fällt, so ist es die Last seines Körpers, die ihm den letzten Dienst erweist." Frauen ertränken sich, das Schießgewehr ist ein zu mechanisches Mittel. Das Erhängen ist zu unedel, um erwähnt zu werden. Auch Gift und Oeffnen der Adern sind äußere Behelfe. Am großartigsten und freisten erschien Göthe die That des Kaisers Otho, der zwar geschlagen, aber noch nicht auf's äußerste gebracht, zum Besten des Reichs zu sterben beschließt, und mit seinem Freunde zuvor ein heiteres Nachtmahl begeht. Am anderen Morgen findet man, daß er sich einen scharfen Dolch mit eigener Hand in das Herz gestoßen. Wer nicht, so argumentirte Göthe, ebenso handeln könne, dürfe sich nicht erlauben, freiwillig aus der Welt zu gehen. Aber solche Gedanken waren bei Göthe durchaus vorübergehend und sie tauchten nur zuweilen aus einem Meere von innerer Heiterkeit und Lebenslust empor. Das war das Große in ihm, daß über allen stürmischen Gefühlen und allem Wechsel der Stimmung ein klarer Verstand und ein eiserner Wille herrschten.

So hat er die Sturm- und Drangperiode als ihr erster und vornehmster Repräsentant, in seinen zwei ersten großen Werken nach ihren beiden Seiten ausgedrückt, nach der Seite der Kraft und des Unabhängigkeitssinnes im Götz von Berlichingen, nach der der Empfindsamkeit in den Leiden des jungen Werther. Aber mit diesen beiden Werken ward er auch die Sturm- und Drangperiode los. Sie war ihm sofort ein überwundener Standpunkt. Und beide Werke sind dabei mehr, als einfache Produkte einer einzelnen Literaturrichtung; sie sind der ideale Ausdruck einer ganzen Zeit.

Und nun, meine Herren, lassen Sie mich zu dem Schicksal des jungen Jerusalem übergehen. Ich nannte ihn Ihnen schon früher in dem Wetzlarer Kreise als Herzogl. Braunschweig'schen

Gesandtschaftssecretair. Karl Wilhelm Jerusalem, Sohn des berühmten evangelischen Geistlichen, war ein junger Mann von liebenswürdigem Charakter und sehr achtungswerthen Geistesgaben. Ein Lessing würdigte ihn seiner Freundschaft, und setzte ihm in dem Vorwort zu den von ihm herausgegebenen „fünf philosophischen Abhandlungen Jerusalem's" ein ehrendes Denkmal, gleichsam wie einen Protest gegen die Darstellung im „Werther." Der Eingang der schönen Lessing'schen Vorrede (Lachmann'sche Ausgabe Band 10) lautet: „Der Verfasser dieser Aufsätze war der einzige Sohn des würdigen Mannes, den alle, welchen die Religion eine Angelegenheit ist, so verehren und lieben. Seine Laufbahn war kurz, sein Lauf schnell. Doch lange leben ist nicht viel leben. Und wenn viel denken allein viel leben ist: so war seiner Jahre nur für uns zu wenig. Den Verlust eines solchen Sohnes kann jeder Vater fühlen. Aber ihm nicht unterliegen kann nur ein solcher Vater. Der junge Mann, als er hier in Wolfenbüttel sein bürgerliches Leben antrat, schenkte mir seine Freundschaft. Ich genoß sie nicht viel über Jahr und Tag, aber gleichwohl wüßte ich nicht, daß ich einen Menschen in Jahr und Tag lieber gewonnen hätte als ihn. Und dazu lernte ich ihn eigentlich nur von einer Seite kennen. Allerdings war das gleich diejenige Seite, von der sich meines Bedünkens so viel auf alle übrigen schließen läßt. Es war die Neigung, das Talent, mit dem sich alle guten Neigungen so wohl vertragen, wel=

ches kein einziges Talent ausschließt; nur daß man bei ihm so viele andere Talente lieber nicht haben mag, und wenn man sie hat, vernachläſſigt. Es war die Neigung zu deutlicher Erkenntniß, das Talent, die Wahrheit bis in ihre letzten Schlupfwinkel zu verfolgen. Es war der Geist der kalten Betrachtung, aber ein warmer Geist und so viel schätzbarer, der sich nicht abschrecken ließ, wenn ihm die Wahrheit auf seinen Verfolgungen öfters entwischte, nicht an ihrer Mittheilbarkeit verzweifelte, weil sie sich in Abwege vor ihm verlor, wohin er schlechterdings ihr nicht folgen konnte."

Die Färbung von Jerusalem's Gemüth war eine schwermüthige; seine Lieblingslectüre solche Stücke der Englischen Literatur, welche düstere Betrachtungen enthielten. Erinnern wir uns hier, daß Göthe in „Dichtung und Wahrheit" die melancholische Lebensanschauung jener Tage grade der Englischen Literatur zuschreibt, „deren große Vorzüge ein ernster Trübsinn begleitet." Jerusalem grübelte viel über den Selbstmord, über den er auch eine Abhandlung schrieb. In Wetzlar selbst, wo er wenig mit Göthe zusammentraf, der ihn 7 Jahre vorher in Leipzig kennen gelernt hatte, kam Vieles zusammen, um seinen Mißmuth zu steigern. Es ward ihm nach Kestner's Bericht, der an Göthe im November 1772 abgesendet wurde, der Zutritt in die vornehmen diplomatischen Kreise (Graf Bassenheim), zu dem er durch seine amtliche Stellung berechtigt war, in ehrverletzender Weise verweigert. Im zweiten Theil des „Werther" wird die Scene ausführlich ausgemalt. Er hatte mit seinem Gesandten heftige Streitigkeiten, wegen deren er Verweise vom Hofe erhielt. Er wünschte lebhaft, von Wetzlar fortzukommen. Zudem liebte er unglücklich, die Frau des Pfälzischen Secretairs H.; aber er ward nicht wiedergeliebt und der Gatte war eifersüchtig. Nun mied er jede Gesellschaft und Zerstreuung, liebte einsame Spaziergänge, die sich oft über Meilen ausdehnten. Nachts hatte er sich einst im Walde verirrt und kam erst weit nach Mitternacht nach Hause. Allein seinen Kummer vertraute er Niemanden. Seinen Trost suchte er in der Lectüre: Mendelsohns Phädon war sein Lieblingsbuch; aber in Sachen des Selbstmordes war er abweichender Meinung, den er auch bei der Gewißheit von der Unsterblichkeit der Seele für erlaubt hielt. Es hatte sich damals ein falsches Gerücht von dem Selbstmorde des Braunschweigischen Gesandtschaftssecretairs Goné verbreitet. Jerusalem vertheidigte ihn und auch Göthe, der anfangs das Gerücht geglaubt hatte, hatte an Kestner geschrieben (11. Oktober 1772): „Ich ehre auch solche That." Einige Tage vor seinem Selbstmorde äußerte er zu einem Freunde Schleunitz, es müßte aber doch eine dumme Sache sein, wenn das Erschießen mißriethe.

Einst, als er Kestner in's Buff'sche Haus gehen sah, sagte er in einem besonderen Ton: „Wie glücklich ist Kestner, wie ruhig er dahin geht."

Wiederholt hat er kurz vor seinem Selbstmorde seinen
Lebensüberdruß gegen Bekannte ausgesprochen; die entscheidende
Krise schildert uns Kestner so, daß er einen Tag vor seiner un=
seligen That in das Haus des Secretairs H. geht, wo er bald mit
der Frau sich allein findet, da H. zu seinem Gesandten gehen mußte.
Als H. zurückkehrt, bemerkt er an beiden eine so ungewöhnliche
Verstimmung, daß er nach Jerusalem's Fortgang gegen seine
Frau einige Bemerkungen macht, aber, um sie auf die Probe zu
stellen, dann im heiteren Tone seinen Vorsatz ankündigt, Jeru=
salem zum Essen zu sich einzuladen. Die Frau sagt darauf, der
Umgang mit Jerusalem müsse abgebrochen werden, sein Betragen
nöthige dazu. Er hätte ihr in Abwesenheit des Mannes eine Lie=
beserklärung gemacht. Ihr Mann müsse Jerusalem daher das
Haus verbieten. Dies thut H. am folgenden Tage in einem Billet.
Inzwischen irrt Jerusalem unstet und in einer solchen Unruhe, daß
es auffällt, umher; wir finden ihn in Garbenheim (wo Kestner
Göthe zuerst kennen lernte) in der Dunkelheit des Octoberabends
lange im Garten verweilen. Die folgende Nacht verbringt er
schlaflos. Darauf am Morgen empfängt er H's Billet; Jeru=
salem antwortet, aber H. verweigert die Annahme der Antwort.
Als der Bediente das Billet unerbrochen zurückbringt, wirft Je=
rusalem es auf den Tisch und sagt: „Es ist auch gut". Mittags
sendet Jerusalem ein Billet an Kestner, das aber zurückgebracht
wird, da Kestner nicht zu Hause war. Jerusalem fragt den Be=

bienten, warum er das Billet nicht in Kestner's Hause zurückgelassen; der Bediente sagte, weil es offen und unversiegelt gewesen. Jerusalem erklärt, daß jeder es lesen könne; er solle es wieder hinbringen. Der Bediente liest hierauf das Billet; es lautete kurz: „Dürfte ich Ew. Wohlgeboren wohl zu einer vorhabenden Reise um Ihre Pistolen gehorsamst ersuchen? J., d. 29. October 1772, Mittags 1 Uhr." Dem Göthe=Kestner'schen Briefwechsel liegt ein Facsimile dieses Billets bei, das Kestner aufbewahrt hat. Und es sind dies beiläufig dieselben dem Kestner'schen Berichte entnommenen Worte, mit denen in „Werthers Leiden" Werther von Albert die Pistolen leiht.

Ohne Argwohn, weil ohne Kenntniß alles Vorhergegangenen, entspricht Kestner dieser Bitte. Der Bediente Jerusalem's entnimmt aus diesem Billet die Absicht seines Herrn, eine Reise zu unternehmen, muß die Pistolen zum Büchsenschäfter tragen und mit Kugeln laden lassen. Nachmittags war Jerusalem mit Ordnen seiner Papiere beschäftigt, ging zu verschiedenen Malen aus, auch noch am Abend, wo ihn verschiedene Leute sahen, wie er, den Hut tief in die Augen gedrückt, vorübereilte, ohne jemand anzusehen. Abends nach Hause gekommen, bereitet Jerusalem seine That vor. Er vernichtet seine Briefschaften und schreibt noch zwei Briefe, einen an Eltern und Geschwister, den anderen an H. Der erstere lautete nach des Arztes Mittheilung an Kestner kurz: „Lieber Vater, liebe Mutter, liebe Schwestern und Schwager, verzeihen

Sie Ihrem unglücklichen Sohn und Bruder; Gott, Gott segne Euch!" Der zweite — Kestner spricht hier nur von Hörensagen — soll H. um Verzeihung gebeten haben.

Nach Beendigung dieses Briefes scheint er sich sofort erschossen zu haben, etwa Nachts 1 Uhr. Der Schuß ging über das rechte Auge hinein durch den Kopf, die Kugel ward nicht aufgefunden. Es ward kein Schuß gehört; ein Nachbar sah den Blitz vom Pulver, achtete aber nicht darauf, da Alles still blieb — ebenfalls ein Zug, der sich im „Werther" wieder findet. — Die That erfolgte in sitzender Stellung auf dem Lehnstuhl, vor dem Jerusalem herabgesunken aufgefunden wurde. Er war in vollständiger Kleidung, gestiefelt, im blauen Rock mit gelber Weste. So fand ihn in seinem Blute, Morgens 6 Uhr (am 30. October 1772), der Bediente; er röchelte noch. Der Bediente holt Aerzte herbei, man läßt ihm zur Ader. Auf das schnell sich verbreitende Gerücht eilt Kestner herbei und findet ihn noch röchelnd. Gegen 12 Uhr Mittags starb er. Kestner, der in großer Gemüthsaufregung nur einen flüchtigen Blick im Zimmer umherwarf, fand „Emilie Galotti" aufgeschlagen, erinnert sich aber nicht der Scene; daneben lag ein Manuscript, dessen erster Theil „von der Freiheit" überschrieben war. Noch an demselben Abend ward er auf dem gewöhnlichen Kirchhof begraben. Man unterließ die Section, um Eingriffe in die gesandtschaftlichen Rechte zu vermeiden. Handwerker trugen die Leiche, kein Geistlicher begleitete sie. Viele

Stellen dieses Berichtes sind fast wörtlich in Göthes „Werther" übergegangen.

Kestner deutet noch an, daß der Braunschweigische Gesandte Höffler durch seine Streitigkeiten sicherlich einen starken Antheil an Jerusalem's Entschluß habe. Höffler habe auf Jerusalem's Abberufung angetragen, aber der Erbprinz von Braunschweig habe freundlich an J. geschrieben, er solle sich noch ein wenig in Wetzlar gedulden, und wenn er Geld bedürfe, es ihm nur schreiben, ohne sich an seinen Vater, den Herzog, zu wenden.

Kestner schildert den Eindruck der Begebenheit in Wetzlar als außerordentlich. Die Frauen nehmen den tiefsten Antheil an Jerusalem's Schicksal: „Leute, die ihn kaum einmal gesehen, können sich noch nicht beruhigen." „Viele können seitdem noch nicht wieder ruhig schlafen."

Der Bericht Kestner's an Göthe über den am 30. October erfolgten Selbstmord Jerusalem's ist vom 2. November 1772 datirt. Der Roman: „Die Leiden des jungen Werther" erschien zur Michaelismesse 1774. Göthe irrt daher, wenn er den „Werther" unmittelbar unter dem Eindruck der Nachricht von Jerusalem's Tod, in verzweifelter Stimmung über den Verlust Lottens, geschrieben darstellt. Seine Seele war beruhigt, sein Herz noch voll frischer Erinnerung an Lottens Wesen. Er schrieb den „Werther" in einer Woche, und hatte sich zur Arbeit von allen seinen Freunden zurückgezogen. Mit Vollendung des Werkes, nach der er sich „wie nach einer Generalbeichte" froh und frei fühlte, theilte er es einigen Freunden mit, auf die es die ihm unangenehme Wirkung hatte, daß sie die Poesie in Wirklichkeit verwandeln zu müssen, einen solchen Roman nachspielen zu müssen glaubten.

Ich habe bereits hervorgehoben, daß nur im ersten Theil des Romans Werther, Albert und Lotte nahezu Göthen, Kestnern und Charlotten entsprechen. Im zweiten Theil hat Jerusalem der Gestalt des Dichters nicht allein das Schicksal hergeben müssen, sondern auch die Leidenschaft, welche das Gleichgewicht der Seele überwältigt. Göthe und dieser Werther des zweiten Theiles haben wenig Aehnliches mit einander; hatte doch Göthe mit Festigkeit von einem unhaltbaren Verhältnisse sich losgerissen; ebensowenig ist die natürliche, heitere und geistig frische Charlotte Buff die Lotte des zweiten Theils mit ihren sentimentalen Anklängen, der heimlichen Liebe zu Werther, den zweifelhaften Verhältnissen zu ihrem Manne, und endlich entspricht auch der Albert des Romans mit einzelnen Zügen von Härte nicht dem milden und zartfüh=lenden Kestner.

Meine Herren, ich bitte Sie, diesen Roman, den Viele von Ihnen nicht kennen werden, zu lesen, mit Aufmerksamkeit zu lesen. Die volle und sanfte Poesie der Sprache, die meisterhafte Seelen=malerei von den ersten Anfängen der Leidenschaft bis zur Selbst=vernichtung — für den Arzt ein ergreifendes Gemälde tiefer Ge=müthskrankheit — die sonnigen Gelände, auf denen die Tragödie sich bewegte, der schwermüthige Hauch, der über das Ganze ausgebreitet ist: noch heute und immerdar wird dieses herrliche Gedicht rühren und erschüttern.

Es wird heut zu Tage schwer, sich eine vollständige Vorstellung von der ungeheueren Wirkung dieses Romans auf die Zeitgenossen zu machen. Wir haben heute eine öffentliche Meinung und öffentliche Interessen, eine periodische Presse von großer Ausbildung, ein lebendiges Vereinsleben, eine öffentliche Tribüne, von der die höchsten Menschheitsinteressen verhandelt werden. Unsere Aufmerksamkeit ist vom Staate und der Gesellschaft und ihren bedeutungsvollen Bewegungen voll in Anspruch genommen. Ein Roman ist heute kein Ereigniß mehr. Anders in jener Zeit. Es gab kein deutsches Volk, keinen deutschen Staat, an dem Alle Theil hatten. Die schöne Literatur und ihr kühner Aufschwung mußten dem gebildeten Deutschen sein ganzes geistiges Leben ausfüllen.

Hier im „Werther" war nun der innerste Gedanke der Zeit ausgesprochen, aus ihm klang die Unruhe, die Opposition gegen das Herkommen, die Gefühlsüberschwänglichkeit, die ungestillte Sehnsucht, die Selbstvernichtung sympathisch in den Herzen der Jugend an. Daher die weite Verbreitung, der tiefe Eindruck des Buches.*) Man bot es auf den Straßen feil, es ward in viele

---

*) „Denn wie es nur eines geringen Zündkrauts bedarf, um eine gewaltige Mine zu entschleudern, so war auch die Explosion, welche sich hierauf im Publicum ereignete, deshalb so mächtig,

4

Sprachen übersetzt, es drang bis nach China; es war eins der wenigen Bücher, die Napoleon nach Aegypten mit sich nahm. Commentare zum Werther, Fortsetzungen des Romans erschienen in großer Zahl. Lewes zählt 39 Schriften auf, welche der „Werther" hervorrief. Unter ihnen finden sich Briefe über den „Werther", mannigfache Ansprachen Werthers aus dem Jenseits, aber auch Bänkelsängerweisen, wie „eine entsetzliche Mordgeschichte von dem jungen Werther, wie sich derselbe den 2. December durch einen Pistolenschuß eigenmächtig um's Leben gebracht;" nicht minder Travestien und satyrische Nachahmungen, von denen ich über Nikolai's „Freuden des jungen Werther" noch Einiges mitzutheilen haben werde. Die berühmteste Nachahmung des Werther sind die ultime lettere di Jacopo Ortis von Ugo Foscolo.

Göthe erzählt uns einige merkwürdige Beispiele der Verehrung, die ihm fern von der Heimath auf Grund des „Werther" zu Theil ward. In Neapel, auf der Treppe eines fremden Hauses trat ein Engländer an ihn heran, und fragte ihn, ob er der Verfasser des „Werther" sei; dann fügte er hinzu, er habe nicht einen Augenblick Zeit, und wolle ihm nur sagen, daß, so oft er daran denke, was dazu gehörte, um den „Werther" zu schreiben, er sich immer aufs Neue verwundern müsse.

---

weil ein Jeder mit seinen übertriebenen Forderungen, unbefriedigten Leidenschaften und eingebildeten Leiden zum Ausbruch kam."   Göthes „Dichtung und Wahrheit."

Doch auch Gegner fanden sich. Lessing, dem die Empfindsamkeit ein Greuel war, sprach sich bitter über das Buch aus. Er fragte, ob wohl ein griechischer oder römischer Jüngling aus gleichem Grunde an Selbstmord gedacht habe. Der christlichen Erziehung mißt er die Schuld bei, derartige Charaktere hervorzubringen. Er verlangte von Göthe als Gegengift ein cynisches Schlußcapitel zum „Werther." Die Aufklärer waren natürlich ebenfalls gegen den Roman. Ihr Haupt, Nikolai, schrieb die Parodie, die ich oben erwähnte. Hier erschießt sich Werther mit Hühnerblut, bleibt am Leben und heirathet Lotten, mit der er bis ans selige Ende vergnügt lebt. Diesem Gegner antwortete Göthe derb, mit einem Spottgedichte: „Nikolai auf Werthers Grabe." Dann schrieb er einen übrigens niemals veröffentlichten Dialog zwischen Werther und Lotte. Werther ist in Folge des Schusses mit Hühnerblut erblindet und kann Lotten, deren Gatte er ist, nicht sehen, worüber er sich bitter beklagt; ebensowenig ist Lotten mit einem blinden Gatten gedient, und so schelten beide auf Nikolai, daß er sich unberufen in fremde Angelegenheiten mische. Einen Vers führt uns Göthe an, in dem er sein Buch redend einführt:

>Mag jener dünkelhafte Mann
>Mich als gefährlich preisen;
>Der Plumpe, der nicht schwimmen kann,
>Er will's dem Wasser verweisen!
>Was schiert mich der Berliner Bann,
>Geschmäcklerpfaffenwesen!

Und wer mich nicht verstehen kann,
Der lerne besser lesen.

Göthe behielt Nikolai und seine nüchterne Verstandesrichtung im Auge. Bekanntlich ward Nikolai eine Zeit lang von Phantasmen bei hellem Tage geplagt; er sah mit offenen Augen verstorbene Bekannte, auch völlig unbekannte Personen vor sich stehen. Einige Blutegel an einer bestimmten Körperstelle befreiten ihn von diesen Gesichten. Göthe führt ihn in der Walpurgisnacht als Proktophantasmist ein und läßt Mephisto von ihm sagen:

Er wird sich gleich in eine Pfütze setzen,
Das ist die Art, wie er sich soulagirt,
Und wenn Blutegel sich an seinem Steiß ergötzen,
Ist er von Geistern und vom Geist curirt.

Aber von diesem scurrilen Zwischenfalle muß ich zu ernsteren Gegnern übergehen, gegen die sich Göthe nicht so leicht vertheidigen konnte. Bei dem hohen Interesse, das der „Werther" erregt hatte, konnte es nicht fehlen, daß das Publikum eifrig dem wahren Kerne des Romans nachforschte. Es konnte nicht fehlen, daß man auf Kestner und Lotte als die Originale von Albert und Lotten hinwies. Göthe selbst beklagt sich in „Dichtung und Wahrheit" über die vielen zudringlichen Fragen, die an ihn über diesen oder jenen Punkt, der nicht recht zu passen schien, gerichtet wurden. Kestner und Lotte waren durch diesen Umstand schmerzlich bewegt. Kestner fühlte sich sowohl durch die Darstellung Lotten's als Albert's im „Werther" verletzt; er empfand es bitter, daß sein theuerstes Verhältniß entstellt in die Öffentlichkeit gezogen war. Er schrieb im October 1774 einen ernsten Brief an Göthe als Antwort auf denjenigen, welcher ihm ein Exemplar des „Werther" brachte. Er nannte die wirklichen Personen, von denen Göthe Züge entlehnt, „prostituirt." Der Ton des Briefes war herb und bitter. Göthe's Antwort ist von einer kindlichen Liebenswürdigkeit, einer hohen Naivität im besten Sinne des Wortes. Wohl bittet er um Verzeihung, aber er nennt Kestner's Besorgnisse zu „hoch gespannt." Der Unwiderstehliche schließt: „Und meine Lieben, wenn Euch der Unmuth übermannt, denkt nur, denkt, daß der alte, euer Göthe immer neuer und neuer, und jetzt mehr als jemals der eurige ist." Kestners waren versöhnt und Göthe schrieb am 21. November von der hohen Wirkung des „Werther", die sie völlig aussöhnen mußte. „Könntet ihr den tausendsten Theil fühlen, was „Werther" tausend Herzen ist, ihr würdet die Unkosten nicht berechnen, die ihr dazu hergabt." „Bruder, lieber Kestner, wollt ihr warten, so wird euch geholfen. Ich wollt' um meines eignen Lebens Gefahr willen Werther nicht zurückrufen, und glaub' mir, glaub' an mich, deine Besorgnisse, deine Gravamina schwinden wie Gespenster der Nacht, wenn du Geduld hast, und dann — binnen hier und einem Jahr versprech' ich auch auf die lieblichste, einzigste, innigste Weise Alles, was noch übrig sein möchte von Verdacht, Mißdeutung u. s. w. im schwätzenden Publicum, obgleich das eine Heerd Schwein ist, auszulöschen, wie ein reiner Nordwind Nebel und Duft. — Werther muß — muß sein! Ihr fühlt ihn nicht, ihr fühlt nur mich und euch und was ihr angeklebt heißt — und trutz euch — und anderen — eingewoben ist. — Wenn ich noch lebe, so bist du's, dem ich's danke — bist also nicht Albert. — Und also — gieb Lotten eine Hand ganz warm von mir und sag' ihr: Ihren Namen von tausend heiligen Lippen mit Ehrfurcht ausgesprochen zu wissen sei doch ein Aequivalent gegen Besorgnisse, die einen kaum ohne alles andere im gemeinen Leben, da man jeder Base ausgesetzt ist, lange verdrießen würden. Wenn ihr brav seid und nicht an mir nagt, so schick' ich euch Briefe, laute Seufzer nach Werther und wenn ihr Glauben habt, so glaubt, daß alles wohl sein wird, und Geschwätz nichts ist. — O du! — hast nicht gefühlt, wie der Mensch dich umfaßt, dich tröstet — und in deinem, in Lottens Werth Trost genug findet gegen das Elend, das schon euch in der Dichtung schreckt. Lotte, leb' wohl. — Kestner, du — habt mich lieb — und nagt mich nicht." Und dann die bedeutungsvolle Stelle: „Und mein Versprechen bedenkt. Ich allein kann erfinden, was euch völlig außer Rede setzt, außer dem windigen Argwohn. Ich hab's in meiner Gewalt, noch ist's zu früh."

Göthe giebt hier ein Versprechen, an dessen Erfüllung Kestnern eine Zeit lang viel gelegen war. Er hatte in Briefen an Hennings diesen ersucht, bei Mendelsohn und anderen Berliner Freunden das Verhältniß von Dichtung und Wirklichkeit im „Werther" in's richtige Licht zu setzen. Er seufzt noch in einem späteren Briefe, wie recht ein guter Freund habe, der ihm letzthin schrieb: „Sauf le respect pour votre ami, mais il est dangereux d'avoir un auteur pour ami." (Unbeschadet der Achtung vor Ihrem Freunde ist es doch gefährlich, einen Dichter zum Freunde zu haben). Aber Göthe hat die versprochenen Aenderungen im „Werther" niemals vorgenommen. Noch am 2. Mai 1783 sagt er von Weimar aus Kestnern zu „ohne die Hand an das zu legen, was so viel Sensation gemacht hat, Alberten so zu stellen, daß ihn wohl der leidenschaftliche Jüngling, aber doch der Leser nicht verkennt." Und Kestner macht ihn auf einige Scenen im „Werther" aufmerksam, die Lotten's Charakter nicht entsprechen. Aber dabei blieb es, und der treffliche, verständige Kestner kam darauf nicht weiter zurück.

Göthe vergaß auf der hohen Bahn, die ihm nunmehr ein zuschlagen bestimmt war, die alten Freunde nicht. Von Weimar aus steht er mit ihnen in fortdauernder, wenn auch seltener werdenden Correspondenz. Aber wie haben sich die Verhältnisse geändert! Kestner nimmt Göthe's hohen Einfluß für eine Veränderung seiner Stellung in Anspruch, und Göthe weiß mit Anstand und Würde das Amt des Protektors zu handhaben. Der stürmische Ton der Frankfurter Briefe ist verflogen. Würdig, männlich und doch freundschaftlich klingt es auch aus Weimar und Rom. Der letzte Brief Göthe's ist vom 16. Juli 1798 datirt.

Kestner starb am 24. Mai 1800. Es existiren noch spätere Briefe Göthe's an Lotten und Antworten derselben, welche der Herausgeber des Briefwechsels jedoch nicht mitgetheilt hat, weil sie außerhalb seines Zweckes lagen. Die alte Zeit klingt, wohl mit gedämpften Tönen, in einem kleinen Brieffragmente Göthe's wieder, das allein uns gegeben wird. Es ist vom 23. November 1803 an Lotten nach Wetzlar gerichtet, wohin sie sich wegen der französischen Occupation Hannovers auf kurze Zeit zurückgezogen: „Wie gern versetze ich mich wieder an Ihre Seite zur schönen Lahn und wie sehr bedauere ich zugleich, daß Sie durch eine so harte Nothwendigkeit dahin versetzt worden, doch richtet mich Ihr eigenes Schreiben wieder auf, aus dem Ihr thätiger Geist lebhaft hervorblickt."

Und nun, meine Herren, lassen Sie mich zum Schlusse Ihnen noch zwei Scenen vorführen, in denen Werther in Göthe's späteres Leben hineinragt.

Es ist im September 1808. Göthe hatte sein 59. Jahr vollendet, Napoleon auf dem Gipfel seiner Macht Deutschland unterjocht; Napoleon und Alexander hatten eine feierliche Zusammenkunft in Erfurt. Die Rheinbundfürsten sind um beide Selbstherrscher geschaart, Talma und die französischen Schauspieler sind von Paris herberufen und spielen vor einem „Parterre von Königen." Dreimal wird die Trommel vor den Kaisern, zweimal vor den Königen gerührt. Als die Tambours aus

Irrthum den König von Würtemberg mit dreimaligem Trommel-
wirbel begrüßten, da ruft der wachthabende Offizier ärgerlich:
Taisez vous! ce n'est qu'un roi (Stille! es ist nur ein König!)
Am 29. September 1808 wird Göthe nach Erfurt beru-
fen. Der Moniteur meldet seinen Besuch und berichtet von dem
Eindruck, den die französischen Schauspieler auf ihn machen. Am
2. Oktober empfängt Napoleon Göthen. Bei der Audienz sind
des Kaisers höchste Würdenträger, Daru, Talleyrand, Berthier,
Savary anwesend. Als der Minister Karl August's, Deutsch-
lands anerkannter Dichterfürst eintritt, ruft ihm Napoleon, von
seiner imposanten Erscheinung ergriffen, zu: Vous êtes un homme.
Das Gespräch wendete sich der Literatur zu. Napoleon sprach
über den „Werther," den er genau kannte. Er warf einer Stelle
des Romans vor, daß sie unnatürlich sei. Welche Stelle gemeint
sei, hat Göthe in seinem Berichte über diese Unterredung und in
den Gesprächen mit seinen Vertrauten stets geheim gehalten.
Wir wissen es aber aus den Erinnerungen des Kanzlers von
Müller. Napoleon warf Göthen eine Vermischung der Motive
zu Werther's Selbstmord vor, nämlich unglückliche Liebe und
gekränkten Ehrgeiz; aber nur eines dieser Motive könne das entscheidende gewesen sein. Bereits Herder hatte im Jahre 1782 denselben
Vorwurf erhoben, und was Napoleon unnatürlich nannte, als
künstlerischen Fehler bezeichnet. Göthe hatte Napoleon die Rich-
tigkeit des Vorwurfs eingeräumt, aber mit Unrecht, denn der

Roman hatte nur getreulich die Wirklichkeit der Thatsache nachgezeichnet; hatten doch in Jerusalem in der That beide Motive zusammengewirkt. Napoleon entließ Göthen mit wahrer Hochachtung; nachdem er fortgegangen, rief er noch seiner Umgebung zu: Voilà un homme! (das ist ein Mann!)

Und nun meine zweite Scene.

Es ist im Jahre 1816. Göthe ist 67 Jahre, Lotte 63 Jahre alt, 44 Jahre sind seit dem Wetzlarer Aufenthalte verflossen. Da besuchte ihn Lotte, jetzt Wittwe mit 12 Kindern, in Weimar. Die Weimarer Klatschbasen hatten Lewes mitgetheilt, daß Lotte sich dem Dichter in sehr jugendlichem Anzuge, im weißen Kleide, halb kokett, halb zärtlich vorgestellt habe, und daß das den alten Jupiter gepeinigt habe, denn er sei ja auch nicht mehr der Werther im blauen Frack und gelber Weste gewesen. In der neuesten Auflage hat Lewes diese Notiz unterdrückt. Mit welcher Empfindung mögen Göthe und Lotte einander gegenüber gestanden sein! Sollen wir den Dichter glücklich preisen, daß es ihm so spät noch beschieden war, die Geliebte der Jugend wiederzusehen, oder sollen wir ihn beklagen, daß dies Wiedersehen im Alter die lieblichen Illusionen und Erinnerungen an Schönheit und Jugend zerstört habe. Liebte er doch von Jugend an niemals dies Zerstören glücklicher Erinnerungen. Lehnte er es doch regelmäßig von sich ab, die Leichen theurer Freunde zu sehen, denn der Tod ist, wie er sagte, „ein sehr mittelmäßiger Portraitmaler." Und die Ruine des Leibes stieß seine Empfindung sicherlich nicht minder ab, als der todte Leib. Aber dies hieße voraussetzen, daß Lotten's Bild noch in unzerstörter Frische in seinem Herzen und seiner Phantasie lebte und daß weder Sybilla Münch, noch Elisabeth Schönemann, nicht Charlotte von Stein, nicht Minna Herzlieb es zu verdrängen vermochten. Wie dem auch immer sei: Eins sagten sich diese beiden gewiß, daß sie das höchste und vielleicht einzige Gut des Lebens verloren: Die Jugend. Ach! meine Herren, und ob uns auch fortdauernde Kraft und fortwirkendes Gefühl im Herzen das nicht sagten, täglich wiederholt es uns die umgebende Welt, die fortwachsende Generation, die uns folgt und bald uns überragt, die Jünglinge und Männer, die Jungfrauen und Mütter, welche wir als spielende Kinder kannten und der Verfall der eigenen Generation, der Anblick alternder Matronen, welche wir einstens als hochblühende Jungfrauen bewunderten. Pries doch Göthe Schillern glücklich, daß er in voller Kraft dahinging und der Nation nicht anders als unter dem Bilde der göttlichen Kraft des Achilleus in ewiger Jugend vorschwebe.

Charlotte Kestner starb am 16. Jänner 1828 in Hannover in einem Alter von 75 Jahren, 4 Jahre vor ihrem Dichter.

Weil aber jeder Widerspruch und jede Täuschung des Lebens sich am glücklichsten löst, wenn sie in die Höhe des Humors erhoben wird, so lassen sie mich mit jenem Gedichte Göthe's schließen, das „Celebrität" überschrieben ist:

Auf großen und auf kleinen Brucken
Stehn vielgestaltete Nepomuken,
Von Erz, von Holz, gemalt, von Stein,
Colossisch hoch und puppisch klein.
Jeder hat seine Andacht davor,
Weil Nepomuk auf der Brucken das Leben verlor.
Ist einer nun mit Kopf und Ohren
Einmal zum Heiligen auserkoren,
Oder hat er unter Henkershänden
Erbärmlich müssen das Leben enden:
So ist er zur Qualität gelangt,
Daß er gar weit im Bilde prangt.
Kupferstich, Holzschnitt thun sich eilen,
Ihn allen Welten mitzutheilen,
Und jede Gestalt wird wohl empfangen,
Thut sie mit seinem Namen prangen,
Wie es denn auch dem Herrn Christ
Nicht ein Haar besser geworden ist.
Merkwürdig für die Menschenkinder,
Halb Heiliger, halb armer Sünder,
Sehn wir Herrn Werther auch allda
Prangen in Holzschnitts — Gloria.
Das zeugte erst recht von seinem Werthe,
Daß mit erbärmlicher Gebehrde
Er wird auf jedem Jahrmarkt prangen,
Wird in Wirthsstuben aufgehangen.
Jeder kann mit dem Stocke zeigen:
„Gleich wird die Kugel das Hirn erreichen."
Und Jeder spricht bei Bier und Brod:
„Gott sei gedankt! nicht wir sind todt!"